Coenen
Meine Jakobsleiter

HERMANN JOSEF COENEN

Meine Jakobsleiter

MEDITATIONEN

PATMOS VERLAG
DÜSSELDORF

CIP-Kurztitelaufnahme der Deutschen Bibliothek

Coenen, Hermann Josef:
Meine Jakobsleiter: Meditationen / Hermann Josef Coenen.
- 4. Aufl. - Düsseldorf: Patmos Verlag, 1995.
ISBN 3-491-72172-5

4. Auflage 1995
Umschlaggestaltung: Peter J. Kahrl,
unter Verwendung einer Bildvorlage von Waltraud Grießer
Gesamtherstellung: Boss-Druck, Kleve
ISBN 3-491-72172-5

INHALT

JAKOBSTRAUM

Engel erscheinen mir nicht,
wenn ich träume.
So fromm bin ich nicht.
Freilich auch keine Teufel.
Keine Leiter,
die Erde und Himmel verbindet.
Keine göttliche Stimme von oben,
die Zuspruch und Weisung gibt
unmißverständlich.

Doch auch mein Bett heißt Betel.
Da kommen Bilder und Stimmen zu mir,
wenn ich schlafe und träume.
Wie auf den Bildern Chagalls
sehe ich Chaos und Schönheit,
erlebe ich Angst und Befreiung,
bin Täter und Opfer,
bin menschlicher Mensch unter Menschen.
Und spüre im Traum noch:
Da ist Botschaft in allem,
Anruf und Zuspruch:
Sei Engel! Sei Leiter! Sei Stimme!

Und beim Erwachen
ahne ich manchmal wie Jakob:
»ER ist hier,
und ich wußte es nicht.«

JAKOBS LEITER

Manchmal seh ich im Traum eine Treppe
Wendeltreppe nach unten
Und ängstlich steig ich hinab
Morsche, glitschige Stufen
In den dunklen Keller meines Ich
Da liegen gestorbene Träume
Da kauert ein verletztes Kind
Da hockt hinter Spinnen die Angst.

Manchmal seh ich im Traum eine Leiter
Karriere-Leiter nach oben
Und mühsam klettere ich hoch
Sprosse für Sprosse
Bis ich ganz oben bin
Top, high, einsame Spitze
Anerkannt, bewundert, begehrt
Mit Titel, Status, Erfolg.

Manchmal seh ich im Traum einen Mann
Karriere-Leiter nach unten
Und er steigt sie gelassen hinab
Keimzelle, Embryo, Säugling
Bis Gott ganz menschlich ist
Wäscht Zöllnern und Sündern die Füße
Reicht Aussätzigen seine Hand
Sitzt zu Tisch neben dir und mir.

IM RAMPENLICHT

Immer im Dienst.
Immer im Blickfeld.
Ständig bewacht von kritischen Augen und Ohren.
Ständig Gesprächsstoff.
Ständig gefragt und gefordert.
Angepumpt. Ausgepumpt.
Reden müssen,
auch wenn ich nichts zu sagen habe.
Geben müssen,
auch wenn der Reservetank leer ist.

Und trotzdem lächeln.
Schweiß unter der Maske.
Alpträume in der Nacht.
Aggressionen gelegentlich,
ausgelassen an unschuldigen Opfern.
Meist falle ich nicht aus der Rolle.

Plötzlich einer, der fragt,
und das nicht nur als Floskel:
Sag, bist du müde?

MÜHSAMES GESCHÄFT

Ich betreibe eine Tankstelle
und eine Reparaturwerkstatt für defekte Autos.
Die Filiale gehört zu einem großen Konzern,
der stillschweigend duldet, daß ich am Kiosk
auch andere Waren verkaufe:
Selbsterfahrung, Lebenshilfe, Meditation.

Die Tankstelle geht schlecht
in diesen guten Zeiten. Anderswo
gibt es Sonderangebote mit billigem Kraftstoff.
Unser altes Markenbenzin ist wenig gefragt.
Die Kundschaft bleibt aus trotz günstiger Lage.
Zum Kiosk kommen mehr Kunden
als an die Zapfsäulen.

In der Werkstatt ist viel zu tun.
Da rufen sie an und kommen rund um die Uhr
und brauchen eilige Hilfe:
Hier springt ein Motor nicht an,
die Lichtmaschine lädt nicht mehr auf.
Da hat der Kolben sich festgefressen,
oder die Batterie ist leer.
Nach einem Zusammenstoß soll ich
den Karren aus dem Dreck ziehen.

Schnell soll es gehen.
Die Kunden haben es eilig.
Sie meinen, jeder Schaden sei reparierbar,
und haben vergessen, daß jede Wunde
Zeit braucht zu heilen. Und daß immer
eine Narbe bleibt, auch wenn die Roststelle
nach dem Spritzen aussieht wie neu.

Wenn ich vorsichtig andeute,
der entstandene Schaden könne am Fahrstil liegen,
an der unterlassenen Inspektion
oder an der Wahl des falschen Kraftstoffs,
das wollen die Kunden nicht hören.
Ich möchte lieber vorbeugen als heilen.
Aber der Kunde sagt leichtfertig
beim eiligen Weggehn: »Auf Wieder-sehn!«

DER BLINDE TRÄGT DEN LAHMEN

Einen Menschen begleiten
für eine Wegstrecke
als Seelsorger,
als Therapeut.
Das ist nicht die dichte Nähe
einer Schwangerschaft.
Nicht wie ein Kind, das man großzieht,
oder wie ein Partner, mit dem man lebt.
Doch auch nicht
wie der unverbindliche Service
an einer Tankstelle
oder wie das Mitnehmen eines Anhalters
an der Straße.

Einen Menschen begleiten, das heißt:
Hebamme sein und Bewährungshelfer,
Chirurg und Krankenschwester zugleich.
Ich fordere und fördere.
Ich stille und stille ab.
Ich stelle Fragen und hinterfrage,
stelle in Frage und höre zu.
Ich zerstöre sanft Illusionen
und helfe beim Akzeptieren.
Ich leide mit an Phantomschmerzen
und halte die Traurigkeit aus.
Ich stütze, ohne zur Krücke zu werden.
Ich traue und traue zu
immer wieder.

Solches Begleiten
kostet Kraft und Geduld.
Doch da sind andere,
die mich begleiten,
die mich ertragen und tragen.
»Wenn der Blinde den Lahmen trägt
und der Lahme den Blinden führt,
kommen beide voran.«

BEGREIFEN

Begreifen ist schwer.
Die Begriffe sind abgegriffen.
Wir sind schwer von Begriff.

Das Allzu-Griffige
gleitet ohnehin ab,
begreift nicht
und wird nicht begriffen.

Tastend greifen wir
nach dem Unbegreiflichen,
das schon zum Greifen nahe scheint.
Es entzieht sich
unserem gierigen Zugriff.
Wer fummelt und bohrt und angreift,
vergreift sich,
verbrennt sich die Finger,
bekommt nicht in Griff,
was er sucht.

Begreifen
einen Text, eine Blume, einen Menschen,
von Gott ganz zu schweigen.
Begreifen ist immer
höchstens Annäherungsversuch,
behutsames Tasten durch viele Häute,
von Außen nach Innen,
wie Zwiebelschälen,
oft unter Tränen.

Ob es gelingt,
das ist letztlich Geschenk.
Denn wenn das Du sich nicht
öffnet und offenbart,
nützen Lupen und lange Finger
so wenig wie Brecheisen.

PREDIGER

Glaub nicht, sie kämen deinetwegen hierher:
die Alten nach einer schlaflosen Nacht,
die ratlose Mutter einer ausgeflippten Tochter,
der Neunzehnjährige mit seiner Freundin,
der Firmling, der neu anfangen möchte.

Nur mitschwingen möchten sie vielleicht
in einer vertrauten Liedmelodie,
sich tragen lassen vom Gesang der anderen,
weil die eigene Stimme zu brüchig,
der eigene Glaube zu müde ist.
Ein Wort möchten sie hören,
das Kraft gibt und trägt.
Ein Stück Brot für den Weg,
das mehr ist als Brot.
Eine Erfahrung, die wie ein Lichtstrahl
hineinfällt in den Keller ihres trostlosen Alltags.

Stör die Suchenden nicht
durch dein Glänzen mit polierten Wörtern.
Gib ihnen das alte, nahrhafte Schwarzbrot,
Kuchen und Plätzchen finden sie anderswo.
IHN möchten sie finden. Nicht dich.

Glaub auch nicht, nur deinetwegen
blieben die fort, die nicht kommen.
Nimm dich selbst nicht so wichtig.
Wer einlädt, riskiert, daß der Geladene
Ochsen und Acker für wichtiger hält.
Oder daß er das ernst nimmt, was du erst kürzlich
hier sagtest über die »Freiheit der Kinder Gottes«.
Nicht deine verletzte Eitelkeit ist wichtig,
sondern Gottes kommendes Reich.
Sag ihnen, daß es kommt.
Und sag es dir selbst.
Immer wieder.

PREDIGEN ÜBER FRIEDEN

Über Gastfreundschaft predigen,
um Lebensmittel bitten für Polen,
sagen: Seid nett zueinander!
Da nicken sie alle in der Gemeinde
und erzählen zu Hause der Nachbarin stolz:
Schön hat er heute gepredigt, unser Pastor!

Aber wenn ich Dinge beim Namen nenne,
das Goldene Kalb, die heilige Kuh, das alte Tabu,
wenn ich sage: Friede konkret,
wie der Nazarener ihn sah:
Schwerter zu Pflugscharen,
die andere Backe hinhalten,
Versöhnung mit der Schwiegermutter,
auf den Esel steigen statt in den Panzer,
Freundschaft mit türkischen Nachbarn,
den Teufelskreis unterbrechen,
Ent-rüstung statt Rüstung . . .

Da scheiden sich die Geister,
da entschärfen sie die Zündkapsel der Bergpredigt,
da nennen sie dich naiv
oder halten dich für einen gekauften Agenten.
Da machen sie kurzen Prozeß
und legen dich aufs Kreuz. Wie damals.

Was ist das für ein Christentum, was ist das für eine Kirche,
die die Bergpredigt vorliest, aber Rabatt anbietet
für Rüstungskonzerne und ängstliche Bürger.
Was ist das für ein Buch, das nicht taugt
für den Ernstfall. Was ist das für ein Prediger,
der jetzt ängstlich kuscht und die heiligen Kühe
lieber nicht anrührt und »ausgewogen« predigt
aus Angst, Sympathie zu verlieren.

Da war doch mal einer, der starb nicht im Bett,
den machten die Mächtigen kalt,
weil er nicht käuflich war.
Ich habe gelesen, er hätte noch heute
Schwestern und Brüder in Gulag und San Salvador,
in Johannisburg und anderswo.

GETSEMANI

Es gibt Stunden,
in denen dürfte man nicht allein sein.
Ölbergstunden der Angst und Verzweiflung.
Da brauchte man, da brauchte ich
eine Schulter, an die ich mich lehnen kann,
eine Hand, die mich zurückhält, Unbedachtes zu tun,
einen Anruf wenigstens, der sagt:
Warte, ich komme! Du bist nicht allein!

Aber die Freunde, sie schlafen
einen Steinwurf weit.
Ihre Augen sind schwer
von eigenen Sorgen.
Andere, die einmal Freunde sich nannten,
sind unterwegs in der Nacht
zum Hohenpriester.
Aus Loyalität.

In solchen Nächten
wird Schweiß
leicht zu Blut.

KRAUT UND UNKRAUT

Weil ich eine weiße Haut habe und eine weiße Weste,
einen Schulabschluß und eine abgeschlossene Ausbildung,
weil ich in geordneten Verhältnissen lebe,
weil meine Gardinen frisch gewaschen sind
und ich keinen Deckel stehen habe in meiner Stammkneipe,
darum finde ich mich ganz gut.

Weil du anders bist und fremd,
weil du Schlitzaugen hast oder türkisch sprichst,
Spätaussiedler bist oder arbeitslos,
weil du eine andere Partei wählst als ich
oder geschieden bist oder nicht zur Kirche gehst,
darum finde ich dich nicht gut.

Weil er trinkt und Schulden macht
und seine Frau schlägt,
weil sie schlampig ist und eine Klatschbase
und ihren Mann betrügt,
darum nenne ich sie böse.

Ich bin in Ordnung. Du liegst schief.
Ich bin Kraut. Du bist Unkraut.
Ich habe recht. Du bist im Unrecht.
Ich kann so bleiben. Du mußt dich ändern.
Ich bin gut. Du bist böse.

Nur, daß ER sich mit solchen Typen an einen Tisch setzt,
daß ER das Unkraut nicht vernichtet mit Stumpf und Stiel,
daß ER das Böse und die Bösen und den Bösen
so lange gewähren läßt,
das verstehe ich nicht.

HAUSALTÄRCHEN

Auf meiner Truhe steht ein Schmerzensmann,
geerbt, sehr alt, aus Elfenbein geschnitzt.
Er stand schon auf der Truhe
meiner Urgroßmutter.
Auf einem Stein sitzt Jesus,
ganz erschöpft nach seiner Geißelung.
Die Folterknechte brauchten eine Pause.

Daneben stehen zwei Sabbatleuchter.
Die brachte im November 1939
Rosal, die alte Jüdin, spät am Abend
meinen Eltern. Sie bat um etwas Geld.
Am nächsten Tag, so sagte sie,
gingen sie auf Transport,
sie würden umgesiedelt, in den Osten.

Ein Weihrauchfaß aus Messing steht auch da,
geerbt von meiner Mutter. Sie hat es mal erstanden
auf einer Versteigerung, als sie noch Fräulein war.
Suren aus dem Koran sind auf Arabisch eingraviert.
Irgendwann vor langer Zeit hat dies Gefäß
in einer Moschee gestanden und Wohlgeruch gespendet
zu Ehren Allahs.

Der Bronzeguß des kleinen Buddha
stammt aus Sri Lanka.
Erinnerung an eine Reise vor acht Jahren.
Und mehr als nur Erinnerung.

Jetzt fehlt mir noch ein Shiva Nataraja,
der Hindugott, der tanzt,
die Feuerfackel in der Hand,
der tanzend eine Schöpfung schafft
und tanzend sie zerstört.

Mein Glaube wird genährt aus vielen Quellen.
Und alle kommen von dem einen Urstrom her.

ALLES HAT SEINE STUNDE

Ganz hinten, ganz unten in meiner Lade
finde ich ein altes Adreßbuch,
handgeschrieben vor vielen Jahren.
Mühsam suche ich in der Erinnerung
zu den Namen die Gesichter:
Schulkameraden und Mitstudenten,
aus dem Singkreis und von der Roverrunde,
Gemeinden, in denen ich einmal Kaplan war.
Das muß eine Urlaubsbekanntschaft sein,
richtig, damals auf Bornholm.
Den lernte ich beim Kirchentag kennen.
Zu manchen Namen fällt mir gar nichts mehr ein.

Hundertsechs Namen. Nur fünf von ihnen
stehen jetzt noch in meiner Liste.
»Sag mir, wo die Blumen sind . . .«
Und wie wichtig waren sie doch einmal
für mich: Rudolf und Irmgard,
Hannes und Köbes, Gudrun und Walter . . .

IN DER TIEFE

In der Tiefe des Brunnens liegt verloren
der goldene Ball der Prinzessin.
Da wartet der Froschkönig, ein verzauberter Prinz,
auf seine Erlösung.
In der Tiefe saugen die Wurzeln des Baumes
nährende Kräfte.
In der Tiefe liegt Atlantis, die versunkene Insel.
In der Tiefe blühen Korallenriffe.
Wächst in der Muschel die kostbare Perle.
In der Tiefe graben die Menschen nach Gold,
nach Kohle, nach Öl.
In der Tiefe liegt der Schatz im Acker vergraben.

Wer Ohren hat zu hören, der höre!

In der Tiefe hockt Jeremia, der Prophet,
gefangen in der Zisterne.
In der Tiefe schwimmt Moby Dick.
Und Jona im Bauch des Wales.
Auch das Trident-U-Boot, gespickt mit nuklearen Raketen.
In der Tiefe haust Leviathan,
das sagenhafte »Tier aus der Tiefe«.
In der Tiefe des Kraters kocht die Lava,
bereit für den nächsten Ausbruch.
Liegt das Grab meiner Eltern.
Wie es das Friedhofsamt vorschreibt: 1,80 m tief.
In der Tiefe des Winterackers
liegt das sterbende Weizenkorn.
Und wartet auf Ostern.

Wer Ohren hat zu hören, der höre!

In der Tiefe des Weltraums zieht der »Halleysche Komet«
seine Bahn.
In der Tiefe entspringen die heißen Quellen von Aachen,
Badenweiler und Gastein.
In der Tiefe der Katakomben trafen sich heimlich
die Untergrund-Christen von Rom.
An der Basis, verfolgt und verachtet von den »Großen«,
lebt die »Kirche von unten«.
In der Tiefe spürt der Mann mit der Wünschelrute
die verborgene Wasserader.
In der Tiefe ihres Bauches spürt die schwangere Frau
das wachsende Leben.
In der Tiefe unter der Sahara
soll es einen riesigen Tiefsee geben.
Weit größer als das Mittelmeer.

Wer Ohren hat zu hören, der höre!

BRUNNEN

Brunnen –
das steht für Quelle,
für ein unverdientes Geschenk, das wir vorfinden,
das quillt aus dem Felsen, nicht nur bei Mose.
»Wenn alle Brünnlein fließen ...«
Brunnen –
das steht für das Werk unserer Hände,
womit wir die Quelle fassen, um sie zu schützen.
Brunnen –
das steht für unsere Mühe.
Pumpen und fördern, Eimer für Eimer.
Brunnen –
das steht für Oase. Für Rast auf dem Weg und Stärkung.
Für Israels Wüstenzug. Für die Karawane der drei Könige.
Für das pilgernde Gottesvolk.

Brunnen –
das steht für Tiefe. Für Kraft aus der Tiefe.
Aber auch für Gefahr aus dem Abgrund.
Für das Loch der Depression, in das ich falle.
»Aus der Tiefe rufe ich, Herr, zu Dir.«
Brunnen –
das steht für »Durstige tränken«,
für Werke der Barmherzigkeit.
Auch für ein konkretes Projekt:
Brunnen bauen im Senegal.
Ein Tropfen auf den heißen Stein der Sahel-Zone.
Brunnen –
das steht für das »Wasser des Lebens«,
das im Märchen die Söhne des Königs suchen
für ihren kranken Vater.
Brunnen –
das steht für die heilenden Wasser am Teich Betesda,
in Badenweiler, in Wörrishofen, in Gastein.
Für die Quelle von Lourdes, für alle heiligen Quellen.

Brunnen –
das steht für den Ort, wo sich Menschen begegnen,
wo Elieser die Rebekka trifft,
wo Jesus mit der Frau aus Samaria spricht.
Brunnen –
das steht für den Taufstein in jeder christlichen Kirche.
»Wiedergeboren aus dem Wasser und dem heiligen Geist.«
Brunnen –
das steht für Gottes Verheißung
auf den ersten und den letzten Seiten der Bibel:
Quell am Baum des Lebens im Garten von Eden,
gläserner Strom in vier Armen im neuen Jerusalem.
Brunnen –
das ist die Kurzformel für den, der gesagt hat:
»Wen dürstet, der komme zu mir!«

ALTER AHORNBAUM

Eigentlich dürftest du längst nicht mehr stehen,
müßtest verkümmert, verblutet,
gestorben, gefällt sein,
nicht lebenstüchtig,
nicht nützlich,
nicht lebenswert.

Gleich über der Wurzel
die tiefe Narbe mit rohem Fleisch,
von einem fräsenden Schneepflug vielleicht,
damals in deiner Jugend,
die hätte schon ausgereicht
für das Todesurteil.
Und später dann,
höher am Stamm,
schmerzlich klaffend
die wulstige Wunde
wie nach einer Vergewaltigung
durch einen rohen Eindringling.
Und oben die Äste, deine Kinder,
von dir genährt und getrieben
in vielen Sommern und Wintern
abgebrochen, abgesägt,
nutzloses Abfallholz.
Frustrierende Erfahrung,
immer wieder.

Und dennoch,
immer noch stehst du
verwundet, vernarbt, verwittert, bemoost,
aber ungebrochen
stehst zwischen Erde und Himmel,
verwurzelt im Boden,
ausgestreckt nach oben,
stehst einfach da,
wo du stehst,
wie du bist.

Und gibst
durch dein Dasein,
dein Sosein
mir Mut.

PARADIES

Ich war am Paradies.
Es liegt gut zwei Wegstunden
oberhalb von Pontresina.
Nur zu Fuß zu erreichen.

Chamanna Paradis,
so heißt die Berghütte,
wo die Graupensuppe
köstlich schmeckt.
Alpenmannstreu blüht dort,
Glockenblumen und winzige Margeriten.
Goldbraune Falter und Hummeln
spielen um die Wacholdersträucher.
Vereinzelte Wanderer
kommen schwitzend herauf
auf der Suche nach dem verlorenen
Paradies.
Und jenseits des Tales
liegt seit Jahrtausenden
die Piz Bernina im ewigen Schnee.

Schön ist es dort oben,
sehr schön sogar.
Aber das Paradies
kann es nicht sein.
Auch dort wachsen Disteln.
Und vor allem:
Ich war allein.

SONDERMELDUNG

Im Kelch einer Butterblume
an einem namenlosen Bergbach
bei Arosa
auf der Carmenna-Alm
2103 Meter über dem Meeresspiegel
auf dieser Erde
beschienen von dieser Sonne
um 10 Uhr 44 Ortszeit
paarten sich zwei Eintagsfliegen
heute

In den Mittagsnachrichten
wurde es nicht erwähnt
aber ich
möchte es festhalten
und dir
möchte ich es schreiben

NOORDWIJK

Fast drei Stunden am Strand
gelaufen gegen den Wind,
die Sonne im Rücken,
vor mir den eigenen Schatten.
Gelernt, daß die Spuren im Sand
verwehen im Wind
und weggewischt werden
von der nächsten Flut.
Da wird der Schatten
nicht mehr so wichtig genommen.

Wichtiger ist, mich hineinnehmen zu lassen
in den uralten Rhythmus
von Kommen und Gehen,
von Zulassen und Loslassen,
von Umarmen und Abschied.
Nicht aufbegehren und sträuben.
Nicht suchen nach Sinn.
Nicht leiden am Un-sinn.
Mich einlassen, mitschwingen,
das ist der Sinn.
Das ist schon alles.
Das wäre schon viel.

GEDANKENSPIELE

Was wäre, wenn
ich ein Vöglein wär ...
ich 50 Jahre eher geboren wäre, oder 20 Jahre später ...
ich eine Frau wäre ...
ich erblindete, oder an einen Rollstuhl gefesselt wäre ...
ich Krebs hätte und genau wüßte: höchstens noch ein halbes Jahr ...
mein Gehalt nur noch halb so hoch wäre ...
ich kein Auto hätte ...
ich gerade das Abitur bestanden hätte ...
ich den Glauben verlöre ...
alle Pfarrmitglieder am Sonntag zur Kirche kämen ...
jemand um meine Freundschaft und Liebe werben würde ...
ich plötzlich viel Geld erbte ...
die Gemeinde abstimmen müßte über mein Bleiben oder Gehen ...
ich den Beruf wechselte und Krankenpfleger würde ...
mein bester Mitarbeiter ginge ...
ich 80 Jahre alt würde ...
ich sicher wüßte: mit dem Tod ist alles aus ...
ich drei Wünsche frei hätte ...

IM VORÜBERGEHN

»Na, wie gehts?«
fragte ich locker und im Vorübergehn
die Kollegin im Treppenhaus.
»Wie es einem so geht, wenn man Krebs hat«,
war die unerwartete Antwort.

Seitdem
frage ich nicht mehr
so leichtfertig,
wenn ich die Antwort
gar nicht hören möchte.

ALLES KLAR?

»Alles klar?« so lautet
die neue Begrüßungsfloskel.
Und die Antwort kommt prompt
wie erwartet: »Alles klar!«

Dabei ist nichts klar:
Zu Hause ist dicke Luft.
Die Regel ist überfällig seit einer Woche.
Der Sohn wurde beim Kaufhausdiebstahl erwischt.
Der Knoten in der linken Brust wächst.
Der Chef ist sauer und tobt herum.
Mein Verein hat 1:3 verloren.

Nichts ist klar.
Aber auch ich
antworte brav
wie erwartet: »Alles klar!«

ANDERS LEBEN

Anders leben.
Anders als gestern und heute.
Weil ich manchmal zu ersticken glaube
in Hektik und Langeweile,
im Trott des Festgefahrenen.
Weil ich auf der Stelle trete
bei all meinem Strampeln.

Anders leben.
Weil ich glaube, daß mehr drinsäße
in dem, was sie »Leben« nennen.
Daß auch in meinem Leben
zwischen Wecker und Tagesthemen,
zwischen Betrieb und Bett mehr drinsäße
an unausgeschöpften Möglichkeiten.

Anders leben.
Weil ich ungeduldig bin
und nicht warten möchte
auf das, was sie »Himmel« nennen.
Weil ich jetzt schon, heute und hier
etwas spüren möchte von Sinn und Erfüllung,
von Glück und Zufriedenheit
für mich und für alle.

Anders leben.
Weil es mich reizt, Neues auszuprobieren,
ungebahnte Wege zu gehen.
Auch wenn Columbus gar nicht weiß,
was er da eigentlich entdeckt
auf der Suche nach Indien.

Anders leben.
Weil ich irgendwie ahne,
daß unter der Kruste der Oberfläche
mehr verborgen liegt,
als meine kurzsichtigen Augen entdecken.
Wenn ich nur lernte, bewußter und intensiver zu leben,
mehr nach unten und nach oben
als in die Breite.

Anders leben.
Gott, weil Du es bist,
der mich lockt und einlädt mit dem Ruf zur Umkehr,
mit dem Gleichnis vom Schatz im Acker.
Gib mir Mut, dies andere Leben zu suchen
heute und in den vierzig Tagen dieser Fastenzeit.

WEIHNACHT

In meinen Erfahrungen
ist viel Sehnsucht,
aber wenig spürbare Nähe.
Da trennen Welten
den Unbegreiflichen
und mich.

In Michelangelos Bild
ist beinahe
die Brücke geschlossen,
nur ein paar Zentimeter
trennen noch Adam und Gott.

In dieser Nacht
heißt es,
wurde der Eckstein eingefügt,
ein lebendiges Kind,
das könnte alles
verändern.

VIELLEICHT IST DA NOCH MEHR

Da sind ein Kreuz und ein Friedhof.
Da sind Enttäuschung und der Blick zurück.
Da sind Fragen, da sind Klagen.
Und wer weiß, vielleicht ist da noch mehr.

Da ist Grün, da sind Felder.
Da wird es Frühling allem Winter zum Trotz.
Da ist ein Weg, da sind Gefährten.
Und wer weiß, vielleicht ist da noch mehr.

Da sind ein Dach und ein Tisch.
Da ist einer, der bleibt, wenn es Abend wird.
Da ist ein Lied, ein Glas Wein.
Und wer weiß, vielleicht ist da noch mehr.

Da ist ein Buch, eine Geschichte,
eine Kerze in der Dunkelheit.
Da ist Brot auf meiner Hand.
Und wer weiß, vielleicht ist da noch mehr.

EMMAUS

Immer wieder brechen wir auf,
kommen trostlos zurück
vom Friedhof einer begrabenen Hoffnung.
Und jedesmal mehr
haben wir ein Stück von uns selber begraben
und meinen: Jetzt ist alles aus!

Immer wieder gesellt sich auf diesem Kreuzweg
unerwartet einer zu uns,
geht ein Stück mit auf der Straße des Lebens.
Sagt nicht nur »Herzliches Beileid«,
sondern nimmt unsere Hand,
bringt uns zum Sprechen,
taut langsam uns auf.

Immer wieder trifft uns ein Wort,
macht uns betroffen.
Läßt uns erfahren: Ich bin damit gemeint.
Und wir erahnen im Rückblick den Sinn,
den roten Faden der Führung in unserem Leben,
weil da ein Fremder zu deuten versteht:
»Mußte nicht der Messias dies alles erleiden ...«
»Kann es nicht sein, daß auch du ...«

Immer wieder, wenn die Sonne sich senkt,
geht uns ein Licht auf:
Freunde zusammen am Tisch,
am Altar, am Stammtisch, im Urlaub.
Gespräche. Erinnerungen. Spürbare Nähe.
Wir fühlen uns wohl und geborgen
mindestens jetzt, für diese Stunde.
Das Leben ist schön, trotz allem.
Dankbarkeit keimt in uns auf für alles Geschenkte
und ein Anflug von Hoffnung für Morgen.

Immer wieder erfahren wir:
In all dem liegt noch ein »Mehr«,
das wir nicht ausdrücken können,
das sich dem Zugriff entzieht.
Vielleicht ist tatsächlich ER es, der Herr.
Und wir versuchen zu beten:
»Herr, bleibe bei uns!«

FRONLEICHNAM

Mein Vater hielt nicht viel vom Demonstrieren.
Er ging nie mit der Fronleichnamsprozession.
Aber vor vierzig Jahren, in der Nazizeit,
ging er Fronleichnam auf die Straße,
weil er meinte: Jetzt muß ich zeigen,
wo ich stehe und was mir wichtig ist.
Ein Jahr später wurde mein Vater
in Rußland schwer verwundet.

Und heute
gehen Menschen auf die Straße,
weil sie nicht wollen, daß nochmals
auch nur ein Mensch verwundet wird,
nicht in Moskau und nicht in Washington,
nicht im Libanon und nicht bei uns.
Und heute
falten Menschen ihre Hände und beten,
weil sie allen Grund haben,
zu bitten um Erbarmen und um Frieden.

Auf die Straße gehen
und die Hände falten,
das muß sich nicht ausschließen.
Beides steht einem Christen gut an.

KIRCHENTAG

In der U-Bahnstation »Messehalle«
neben einer überquellenden Mülltonne
und einem Telefon mit abgerissenem Hörer
steht ein Mädchen mit Brille und verklebtem Haar
im Jeansanzug.
Vor ihr ein Notenpult.
Und sie spielt
im Lärm der U-Bahn
den Vorübergehenden
auf ihrer Querflöte
eine Sonate von J. S. Bach.

ABENDLAND

Im Schwarzwald - so hab ich gelesen -,
da, wo die Klinik steht,
wo die Bäume sterben,
in der Nähe von Hinterzarten
werden in einem tiefen Stollen
Dokumente deutscher Kultur
auf Mikrofilm gespeichert und aufbewahrt,
witterungsfest und strahlungssicher,
damit nach einem Atomkrieg
die Nachwelt noch weiß,
was abendländische Kultur
einmal war.

BEHINDERT

Ich bin behindert - durch dich.
Du bist behindert - durch mich.
Er ist behindert - durch sich selbst.
Sie ist behindert - durch ihr Kind.
Es ist behindert - durch seine Eltern.
Wir sind behindert - durch die Gesellschaft.
Ihr seid behindert - durch uns.
Sie sind behindert - durch ihre Veranlagung.

Ich behindere - dich.
Du behinderst -mich.
Er behindert - sich.
Sie behindert - ihr Kind.
Es behindert - seine Eltern.
Wir behindern - uns gegenseitig.
Ihr behindert - euch gegenseitig.
Sie behindern - sich gegenseitig.

Ich fühle mich behindert - in meiner freien Entfaltung.
Du fühlst dich behindert - in deiner Berufswahl.
Er sie es fühlt sich behindert - durch sein Elternhaus.
Wir fühlen uns behindert - durch unsere Erbanlagen.
Ihr fühlt euch behindert - durch eure Figur.
Sie fühlen sich behindert - durch ihr Alter.

Ich behindere - dich.
Ich verhindere - daß du.
Ich kann nicht verhindern - daß er.
Sie möchte verhindern - daß ich.
Es hat verhindert - daß wir.
Wir sind verhindert - weil andere.
Ihr verhindert - daß die Behinderten.
Sie behindern - sich selbst.

MORGEN KANN ES MIR PASSIEREN

Es geht mir recht gut.
Ich fühle mich wohl.
Gegen alles bin ich versichert.
Mir kann eigentlich nichts passieren.

Aber morgen schon
kann alles ganz anders aussehen:
ein Unfall beim Sport, bei der Arbeit,
ein fremder Autofahrer, der nicht aufpaßt,
plötzliches Glatteis,
eine Virusinfektion,
eine Lebensmittelvergiftung.
Oder auch ganz ohne erkennbare Ursache.
Morgen schon kann es mich treffen
aus heiterem Himmel,
so wie die Kollegin, die jetzt im Rollstuhl sitzt.

Nicht mehr lesen können,
das wäre schlimm für mich.
Nicht mehr Fußballspielen.
Nicht mehr in die Eisdiele, in die Pizzeria können.
An die Türklingel nicht drankönnen.
Jeder Bordstein, jede Treppenstufe
ein unüberwindliches Hindernis.
Nicht mehr am Abend
schnell noch auf ein Bier in die Kneipe.
Kein van-Veen-Konzert live mehr.
Keine Disco. Kein Sex.
Behinderte haben keine Bedürfnisse zu haben.

Und vor allem – abhängig sein
bei jeder Kleinigkeit:
wenn ich zum Klo muß,
wenn mir etwas hinfällt,
wenn mir der Rücken juckt,
wenn ich die Strümpfe anziehen will ...

Mein Gott, wie selbstverständlich nehme ich das alles,
was gar nicht selbstverständlich ist.
Ich habe so viel Grund, dankbar zu sein!

SPRACHVERWIRRUNG

»Worauf hast du denn Lust heute abend?«
so fragte er locker,
während sie zum Essen fuhren.
Und erwartete als Antwort
irgendeine Spezialität:
Pizza oder Gyros oder Indonesische Reistafel.
Erschrocken schwieg er,
als er stattdessen zu hören bekam:
»Ich hab Lust auf dich!« –
So hatte er die Einladung
nicht verstanden.

TRAUUNG

Traust du dich?
Traust du dir?
Traust du mir
etwas zu?
Hast du Vertrauen
in das Leben?

Trau doch dir
Trau doch mir
Trau doch Gott
etwas zu.
Nur wer vertraut,
schafft das Leben.

ICH NEHME DICH AN

»Ich nehme dich an.«
Dich.
Nicht ein ideales Traumbild
von einem Supermann, einer Superfrau.
Es ist auch nicht der kindliche Wunsch
nach der weiter verwöhnenden Mutter,
nach dem starken, beschützenden Vater.
Ich meine wirklich dich:
diesen leibhaftigen Menschen neben mir.
Dich mit Haut und Haaren,
mit dem Grübchen am Kinn
und den zusammengewachsenen Brauen,
mit deinem Charme und deinen Macken,
mit deinen Pickeln und Schweißfüßen.
Dich nehme ich an.
So wie du bist.
Nicht so, wie ich dich gern hätte.
Ich betrachte dich nicht als mein Erziehungsobjekt.
Ich liebe dich nicht mit Bedingungen »wenn du . . .«.
Ich nehme dich an.

Ich nehme dich an
mit deiner Kinderstube und deinen Manieren.
Mit dem, was du gelernt hast,
und dem, was du nicht gelernt hast.
Mit den Verletzungen deiner Kindheit
und den Narben deiner Jugendjahre.
Mit deiner Vorliebe für Schokoladencreme
und deiner Angst vor Spinnen.
Mit deinen Stärken und mit deinen Schwächen,
mit deiner Sonnenseite und mit deinem Schatten.
Ja, auch das nehme ich an,
was du selbst nur schwer annehmen kannst an dir.

Alles, was zu dir gehört:
wie du dich entwickelt hast,
wie du jetzt bist,
wie du sein wirst in zehn Jahren.

Ich nehme dich an.
Dich. Diesen erwachsenen, verwachsenen,
nie ausgewachsenen, immer weiter wachsenden,
stacheligen, zärtlichen, spröden, herzlichen,
unausstehlichen, liebenswerten, kaputten, lebendigen,
menschlichen Menschen.
Dich nehme ich an.

PROFANE LITURGIE

Männer hocken im Halbkreis
um eine Mitte,
zusammengekauert, die Augen geschlossen.
Bis einer von ihnen, der Eingeweihte,
aufsteht, schweigend die Tür fest verschließt,
damit nicht ein Tolpatsch
durch sein Zuspätkommen
den erhabenen Augenblick störe.
Wie ein Priester ergreift er die Kelle,
füllt sie mit duftendem Naß,
nähert sich schweigend der Mitte
und gießt in magischem Zirkel
bedächtig das Wasser auf den glühenden Altar.
Kein Wort stört die heilige Stille.
Nur dann und wann mischt sich ein tiefer Seufzer
in das unrhythmische Zischen.
Dann greift der heilige Diener
ein Velum und schwenkt es
von oben nach unten,
von einer Seite zur andern.
Schneller wird seine Bewegung,
wird schließlich zum Wirbel,
in dem der heilige Odem
wie Feuer vom Himmel
auf jeden sich senkt.
Augenblick der Erlösung,
erfahrbar für alle.

Die Spannung löst sich. Mit Beifall
wird der nackte Derwisch bedacht,
der sich dankend verneigt und setzt.
Einer sagt schließlich:
»Wie in der Kirche – damals,
als sie den Weihrauch noch hatten!«
Die anderen nicken und schweigen.

Du fragst vielleicht,
in welchem magischen Zirkel,
an welchem geheimen Ort
wohl diese Liturgie gefeiert wird:
Jede halbe Stunde
in der Sauna von Hofgastein,
wenn der Aufguß gemacht wird.

FÜR JONAS ZUR GEBURT

Sei froh, du kleines Menschenkind,
daß du kein großer
Prophet sein mußt.
Einer der kleinen, einer der zwölf,
das reicht.

Lange bevor du eines Tages
dir eine Fahrkarte kaufst,
weil du abhauen möchtest
nach Tarsis, irgendwohin,
längst vorher hast du das Tauchen gelernt.
Neun Monate unter Wasser,
im Bauch.
Solche Erfahrung ist wichtig.
Auch im Untergrund
läßt sich leben und sogar beten.
Jetzt hat der Fisch dich
an Land gespuckt.
Ein gebrochenes Schlüsselbein
heilt schneller
als ein seelisches Trauma.

Auch wenn du manchmal daran zweifeln wirst,
auch wenn du manchmal dagegen dich sträubst ...
Ich weiß: Du bist gewollt und geliebt,
bist akzeptiert und geführt.
Eine größere Hand ist im Spiel.
Spiel mit. Und laß mit dir spielen.

Denn die Lage ist ernst.
Im Jahr der Raketenaufstellung
bist du geboren.
Ninive wartet auf dich.
Manchmal
gibt es wider Erwarten
doch »Umkehr zum Leben«
für deine Eltern,
für das Volk und den König,
sogar für die Tiere und den Rizinusstrauch.
Auch für dich.

AM STERBEBETT

Ganz langsam gehst du fort,
entfernst dich immer mehr,
die Augen fallen wie von selbst dir zu.
Du sprichst von einem Schlüssel,
den du suchst. Zu welcher Tür?
Die Zunge ist geschwollen.
Das Sprechen und das Schlucken fallen dir schwer.

Die Vögel draußen haben aufgehört zu singen.
Der Abend kommt.
»Herr, bleibe bei uns.«
Die Buche vor dem Fenster schaut dich an
zum letzten Mal.
Der Atem wird sehr flach und hechelnd,
dann hör ich nichts mehr,
seh nur noch den Puls am Hals.
Deine Hände werden kälter.
Die Stirn ist feucht. Die Hände liegen jetzt
still auf der Decke,
irren nicht mehr suchend durch die Luft
wie gestern noch.

Ich lese: »Wen es trifft«,
spüre, wie die Worte neuen Sinn bekommen.
Das weiße Nachthemd nehm ich aus dem Schrank.
Nach deiner Schwester Tod hast du
es dir gekauft für deinen Ernstfall.
Ein Sterbekreuz leg ich dir in die Hand,
mitgebracht aus Jerusalem vor vierundzwanzig Jahren.

Dein Mund steht offen jetzt,
die Nase wird sehr spitz.
Wenn ich den Atem nicht mehr höre,
schau ich auf, ob dieser Atemzug
der letzte war.
Ich streichle deine Wangen, halte deine Hand,
erzähl dir von dem großen Licht,
das du bald leuchten siehst
am Ende deines Tunnels,
daß du erwartet wirst
von Vater und von vielen.
Die Osterkerze brennt seit achtzehn Uhr
vor dem Bild, das die Erweckung zeigt von Lazarus
auf dem Marktplatz deiner Heimatstadt.
Kurz vor Mitternacht
hast du den großen Weg geschafft
und bist am Ziel.

MICHAELS BEERDIGUNG

Leben - wer möchte das nicht!
Intensiv leben mit allen Fasern, ganz bewußt,
anders, ganz anders leben,
wer möchte das nicht,
wenn er jung ist, und besonders im Urlaub.

Achtzehn sein, volljährig, unabhängig.
Beweglich sein, den Radius vergrößern.
Die Welt kennenlernen mit Inter-Rail.
Fremde Länder, neue Menschen.
Die großen Städte, in denen das Leben pulst,
Amsterdam, Mailand, Athen, Istanbul.
Das Mittelmeer, die Sonne . . .

Am Strand liegen und den Wolken zuschaun
und den Sand durch die Finger rieseln lassen.
In einem Straßencafé sitzen bei einem Glas Wein
und dem Gitarrenspieler zuhören.
Am Abend irgendwo an einem Waldrand
den Schlafsack ausrollen
und aufschaun zu den Sternen und träumen.
Und am nächsten Morgen sich waschen
im eiskalten Wasser des Wildbachs.
Und dann aufbrechen, weiter, nach oben.
So vieles gibt es noch zu sehen, zu erleben:
eine Klamm, eine Steilwand, ein Kraftwerk.

Die abgetretenen Straßen des Alltags hinter sich lassen,
die Routine, die Langeweile, den Trott.
Neues ausprobieren. Intensiv leben. Im Jetzt.
Das Dorf unten im Tal wird immer kleiner.
Der Regen hat aufgehört. Der Blick wird frei.
Die Sonne bricht durch . . .

Wir können nicht glauben,
daß solche Sehnsucht nach Freiheit und Leben
vergebens sein soll, ohne Erfüllung zu finden.
Wir wollen nicht glauben,
daß dieser plötzliche Absturz
ein Stürzen ins Nichts sein soll,
ins Leere, in die Sinnlosigkeit.
Wir möchten glauben,
daß unsere Wege ein Ziel haben,
daß jeder, der fällt, in Gottes Hand fällt.
Wir wagen zu glauben,
daß Michael jetzt gefunden hat,
wonach er gesucht hat auf all seinen Wegen:
Leben. Leben in Überfülle.

AUCH NUR EIN MENSCH

Ein bedeutender Mann wird zu Grabe getragen.
Einer von denen, »die sich verdient gemacht haben«.
Die Kirche ist voll beim Begräbnisamt.
Voll wie der Mund des Predigers,
der den Nachruf zu sprechen hat,
der den Verstorbenen rühmt,
als ginge es um einen Heiligsprechungsprozeß.

Nur seine Witwe denkt: »Wenn die wüßten . . .«.
Noch weiß sie selber nicht.
Noch ahnt sie und fürchtet nur.
Zwei Telefonnummern in der Tasche des Toten
weisen eine Spur.
Ein Anruf, ein Treffen bringt die Gewißheit:
Der angesehene Mann mit langem Nachruf
hat ein Doppelleben geführt.
Alles war so harmonisch und gut
auch in der Familie.
Und nun geht ein Riß durch das Foto.
War alles nur Lüge: der treue Ehemann,
der sorgende Vater, das Engagement in der Kirche?
Hat er sich selber belogen, geliebt, gehaßt?
Hat er selber gelitten unter der Schizophrenie?
Und vor allem: Was wird Gott dazu sagen?

TOTENRITUAL

Prabaharans Mutter ist gestorben,
ganz plötzlich an einem Asthmaanfall
am vierten Januar in Ceylon.
Zwei Tage später haben seine Schwestern
die Leiche mit Blumen geschmückt.
Sein jüngster Bruder hat den Holzstoß angezündet
zur Leichenverbrennung nach altem Hinduritual.

Das alles stand in einem Brief,
der zwei Wochen später eintraf im alten Bunker,
in dem die Asylanten wohnen.
Jetzt sitzt Prabaharan neben mir
und weint fassungslos.
Ich bin kein Hindu. Ich spreche nicht Tamil.
Mein Englisch ist dürftig. Das seine auch.
Nur die Sprache der Tränen ist international.
Und ein Arm um die Schulter.

Im Priesterseminar habe ich nicht gelernt,
was in solchen Fällen zu tun ist.
Spontan stelle ich eine große Kerze
auf den runden Tisch und zünde sie an.
Für seine Mutter. Im Halbkreis fünf Teelichter,
eines für jedes Glied der Familie.
Dann hören wir schweigend Gregorianischen Choral:
»Missa in dominica resurrectionis«.

Prabaharans Schultern zucken nicht mehr so heftig,
allmählich versiegen die Tränen, sein Atem geht ruhiger.
Beim Fortgehn – nach Mitternacht –
sagt er leise: »Thank you, father«.

GOTTESDIENST

Wir haben die Zeitung gelesen,
wissen, was alles geschieht.
Und dennoch decken wir den Tisch –
immer wieder.
Holen das alte Buch hervor
mit den Geschichten der Väter.
Nennen den Namen der Namen.
Teilen das Brot und den Wein.
Reichen einander die Hand.
Und glauben gemeinsam das Unglaubliche,
daß Er nichts Wichtigeres weiß,
als hier zu sein,
jetzt,
da wir Ihn rufen.

IRGENDWO, ÜBERALL

Irgendwo, überall
in diesem Augenblick
beginnt eine neue Messe:
Opferung, Wandlung, Kommunion.

Die Stechuhr klickt. Die Frühschicht beginnt.
Mönche ziehen ein zum Choralamt.
Auf der Autobahn am Heumarer Dreieck kam es bei Glatteis zu einem Massenunfall. Fünf Tote.
Im Iran wurden achtundzwanzig Menschen hingerichtet.
Im Namen Allahs.

Der Urlauberjet aus Gran Canaria hat zwei Stunden Verspätung wegen des Streiks der Fluglotsen.
Die junge Lehrerin wird gefragt, ob sie bereit ist,
eine Türkenklasse zu übernehmen.
Am Dritten wird er entlassen aus dem Knast.
Auf Bewährung.
Er ist Optimist: Diesmal muß ich es packen.

Im Kaufhaus wird eine angesehene Hausfrau beim Diebstahl einer Strumpfhose ertappt.
Alte Urlaubsfotos: am Strand, in den Bergen,
am Tempel von Polunaruwa.
Das alles war vor dem Unfall.
Die Füße sind dick. Die Kleine hat Masern. Der Schlaf will nicht kommen. Und morgen ist wieder ein Tag.

Und du – was ist dein Opfer?
Und du – wann kommt deine Wandlung?
Und du – mit wem kommunizierst du?

UNTERHALB DER OBERFLÄCHE

Unterhalb der Oberfläche,
unterhalb des dicken Baumes
gibt es eine starke Wurzel,
die saugt Nahrung aus dem Boden,
die schickt Wasser in die Zweige,
die gibt Halt, wenn Stürme wehn.
Und wir sehen nichts davon.

Unterhalb der Oberfläche,
unterhalb der großen Städte
gibt es Gullis, gibt es Rohre,
liegen Kabel und Kanäle
für den Strom und für das Wasser,
für das frische und verbrauchte.
Und wir merken nichts davon.

Unterhalb der Oberfläche,
unterhalb der dünnen Haut
geht ein Netz von feinen Adern,
liegen Nerven, liegen Sehnen,
kämpfen Viren, wachsen Zellen,
pulst das Leben, kreist das Blut.
Und wir spüren nichts davon.

Unterhalb der Oberfläche,
unterhalb der Schädeldecke
nisten Träume und Gefühle,
wohnt Erinnern und Vergessen,
lebt Bewußtes und Verdrängtes,
das uns prägt und das uns steuert.
Und wir wissen nichts davon.

Unterhalb der Oberfläche,
unterhalb der alten Kirche
gibt es eine Katakombe,
eine Basis junger Christen,
wo sie singen, hoffen, handeln,
wo die Botschaft weiterlebt.
Und wir ahnen nichts davon.

Unterhalb der Oberfläche,
unterhalb des alten Friedhofs
liegen modernd welke Kränze,
stehen Namen, längst verwittert,
liegen Steine und Gebeine,
liegt das Weizenkorn, das stirbt.
Und wir glauben nicht daran.

TURINER GRABTUCH

Wir haben kein Foto von Dir,
keine Tonbandaufnahme Deiner Stimme,
kein Portrait eines berühmten Malers.

Wir haben kein Autogramm, keinen Brief,
der Deine Handschrift verrät,
keinen Fingerabdruck.

Was wir haben, ist ein Leichentuch,
aufbewahrt und verehrt in Turin
seit vielen Jahrhunderten.
Kreuzfahrer haben es mitgebracht
aus Konstantinopel im Mittelalter.
Feststeht, daß das Leinen des Grabtuchs
gewebt wurde in Palästina
vor 2000 Jahren.
Daß ein Mann in ihm beerdigt wurde,
der zu Tode gefoltert worden ist
mit Wunden an Händen und Füßen,
am Kopf und da, wo das Herz schlägt.
Beweisen läßt es sich nicht,
daß dieser Mann Jesus hieß.

Und wenn das Grabtuch nicht echt wäre:
Wir hätten dennoch im Herzen
ein Bild von IHM.
Wir hätten ein Beispiel,
wie ein Leben gelingt
und erfüllt sein kann
auch mit 33 Jahren.
Wir hätten sein Wort,
das uns tröstet und Mut macht.
Wir hätten sein Brot
und seine Verheißung.

Das muß genügen.

ACH!

Wenn du leidest oder staunst,
wenn du stöhnst in höchster Lust,
wenn du ganz tief betroffen bist,
so daß es dir zu Herzen geht,
dann bist du ganz bei dir,
ganz nah bei Gott.
Dann ist dein Seufzen ein Gebet.

Du liest den Namen schwarzumrandet in der Zeitung: Ach!
Du schnupperst verzückt am ersten Veilchenstrauß: Ach!
Du tauchst ins kalte Becken nach der Sauna: Ach!
Du bist ganz außer dir im Tanz: Ach!

Du hast Angst vor dem Wochenende: Ach!
Du stöhnst unter der Hand des Masseurs: Ach!
Du hast deinen Hausschlüssel verloren: Ach!
Du bist verwirrt und blickst nicht mehr durch: Ach!

Du zündest ganz still eine Kerze an: Ach!
Du hast schlimme Schmerzen und stöhnst: Ach!
Du faltest verzweifelt die Hände: Ach!
Du erlebst einen Sonnenuntergang: Ach!

Du bist glücklich im Arm des Geliebten: Ach!
Du mußt Abschied nehmen und seufzt: Ach!
Du hörst vom Arzt, Sie sind schwanger: Ach!
Du bist verzweifelt, weil er dich verließ: Ach!

GOTT DER KLEINEN LEUTE

Du Gott der kleinen Leute, höre unser Beten!

Gott des Josef, der von seinen Brüdern als Sklave verkauft wurde
Gott der Hebräer, die als Fremdarbeiter ausgebeutet wurden in Ägypten
Gott des Jeremia, der gefangen saß in einer Zisterne
Gott der Verbannten »an den Wasserflüssen Babylons« und aller Deportierten

Gott der Hirten von Betlehem und aller Campesinos
Gott der Maria, der »herabgeschaut hat auf die Niedrigkeit seiner Magd«
Gott des Josef und aller, die »im Schweiße ihres Angesichts« ihr Brot verdienen
Gott des Flüchtlingskindes Jesus und aller, die auf der Flucht sind und Asyl suchen

Gott des greisen Simeon und der Hanna
und aller Alten, die die Hoffnung nicht aufgeben
Gott der Brautleute in Kana, denen der Wein ausging, und aller Paare und Pärchen
Gott der Frau am Jakobsbrunnen mit ihren kaputten Beziehungen
Gott des Gelähmten am Teich Betesda und aller, die »keinen Menschen haben, der ihnen hilft«

Gott der blutflüssigen Frau und aller Kranken
Gott der Mutter des Jünglings von Naim
und aller, die trauern um einen Toten
Gott des Schächers am Kreuz und aller, die viel auf dem Kerbholz haben
Gott des Diakons Stefanus und aller, auf die man Steine wirft

Gott der Sonderschüler und Analphabeten, der Arbeitslosen und Obdachlosen
Gott aller, denen es dreckig geht gerade in diesen Tagen
Gott aller Enttäuschten, die vergeblich auf Besuch oder auf Post gewartet haben
Gott des kleinen Mannes, der kleinen Frau, der kleinen Kinder: Du unser Gott

SELIG DER MENSCH

Selig der Mann, selig die Frau, selig der Mensch,
der sich nicht treiben läßt vom Sog der Masse,
der sich nicht anpaßt um jeden Preis
nur als Spielball, als Marionette der Macher.

Selig der Mensch,
der sich das Leben nicht abnehmen läßt
von anderen, die für ihn denken und entscheiden.
Selig, wer auch Nein sagen kann, wenn es sein muß,
um sich selber treu zu bleiben.
Wenn andere aufrüsten wollen
als Weg zum Frieden,
wenn sie noch mehr Konsum empfehlen
als Weg zum Glück.

Selig der Mensch,
der weiß, was er will, der nicht bloß re-agiert,
der bereit ist, selbst Verantwortung zu übernehmen
für sich und sein Leben,
statt anderen Vorwürfe zu machen, weil alles so mies ist.

Selig der Mensch,
der nicht von der Hand in den Mund lebt,
der ein Ziel hat
und es nicht aus dem Auge verliert.
Und der bereit ist, auch den Preis dafür zu zahlen.

Selig der Mensch,
der nicht völlig allein dasteht auf verlorenem Posten.
Der eine Handvoll Freunde hat,
die das gleiche wollen wie er.
Die ihn ermutigen und trösten,
wenn Mißerfolge und Rückschläge kommen.

Selig der Mensch,
der horchen lernt auf die innere Stimme,
auf sein besseres Ich,
auf Gott, der ihn ruft und sendet.

Das ist ein Mensch, der Tiefgang hat.
Aufrecht ist er und zuverlässig.
Stark wie ein Baum mit tiefen Wurzeln.
Er wird Winter und Sturm überleben.

TANZEN VOR GOTT

Tanz der Sterne
Nicht Krieg der Sterne. Eher kosmisches Spiel.
Explodierende Spannung. Implodierender Sog.
Fließende Energie. Strömende Schwingung.
Sphärenmusik. Austausch von Yin und Yang.
Kraftfeld von Schwerkraft und Fliehkraft.
Wie der Wirbel des Andromeda-Nebels.
Wie die Ringe des Jupiter.
Wie die Erde kreist um die Sonne.
Kosmische Liturgie im Zeitalter des Wassermanns.

Tanz um das Goldene Kalb
In der Wüste von Düsseldorf, Stuttgart und Kiel.
Noch schneller! Noch perfekter! Noch mehr!
Mehr Geld! Mehr Freizeit! Mehr Wissen!
Mehr Leistung! Mehr Konsum! Die Menge machts.
»Haben oder Sein«, das ist hier die Frage.
Aber wir fragen nicht mehr. Meditieren nicht mehr.
Beten nicht mehr.
Manchmal sind wir erledigt, frustriert, am Ende.
Werden krank. Müssen zum Therapeuten.
Kaufen ein Flatterkleid, essen Biokost,
geben uns alternativ.
Ahnen, daß das nicht der Weg ist,
nicht die Wahrheit, nicht das Leben.
Halten nicht durch. Reihen uns wieder ein.
Tanzen weiter mit den vielen
in verzweifelter Wollust um unser Goldenes Kalb.

Vor der Klagemauer
Tanzen. Graffiti in Körpersprache.
Klagen und Anklagen - als Gebärde.
Wortloses Beten - mit dem Körper.
Ausdrücken - was mich bewegt.
In Bewegung - mich ausdrücken.
»Der Geist betet in uns mit unaussprechlichen Seufzern.«
Gott versteht nicht nur Lyrik und Basic.
Er liest auch den Code meiner wortlosen Sprache,
wenn ich tanze vor der Klagemauer.

Adoramus te
Wir beten Dich an - mit dem Mantra einer Taizé-Melodie.
Erahnen, spüren, daß da eine Mitte ist.
Zentrum, um das wir zentriert sind
wie die Achsen des Rades.
Mitte des Kosmos. Mitte der Geschichte.
Mitte meines Lebens.
Der Schmetterling fliegt darauf zu.
Die Schnecke kriecht darauf zu.
Die Spiralen auf den Bildern von Hundertwasser
nähern sich ihr.
»Ich lebe mein Leben in wachsenden Ringen.«
Wie ein Magnet ist diese Mitte. Wie ein Sog.
Ich komme nicht von ihr los
aller Fliehkraft zum Trotz.
Kreisen um das große Geheimnis
in kleinen, bedächtigen Schritten.

FRÜCHTE UND FRÜCHTCHEN

Viele Früchte sind in Gottes Obstkorb.
Und eines dieser Früchtchen, das bin ich.

Manche sind wie Stachelbeeren: herb und sauer,
andre zuckersüß wie griechische Rosinen.
Manche sind wie hochgewachsene Stangenbohnen,
andre rund und mollig wie ein Kürbis.
Manche sind geröstet, braun wie Kaffeebohnen,
andre sind vornehm bleich wie Blumenkohl.

Manche, die sind scharf wie Paprika und Curry,
andre sind zart, verhalten im Aroma.
Manche, die sind spritzig, saftig wie ein Pfirsich,
andre sind trockenes Dörrobst, extra dry.
Manche, die sind kernig, knackig so wie Nüsse,
andre muß man schälen unter Tränen wie die Zwiebeln.

Manche, das sind Alltagsfrüchte wie Kartoffeln,
andre wollen was Besondres sein: wie Mangos oder Kiwis.
Manche jucken dich und kitzeln wie die Hagebutten,
andre hinterlassen bitteren Nachgeschmack.
Manche, die sind giftig, trotz der schönen Farben.
andre sind wie Medizin: sie tun ganz einfach gut.

Manche Früchte hängen hoch, schwer zu erreichen,
andre, da muß man unten suchen und sich bücken.
Manche gibt's, die brauchen lange, um zu reifen.
Andre sind frühreif - oder werden niemals reif.
Manche, die werden faul schon auf den Bäumen,
oder sie sind hohl von innen: taube Nüsse.

Manche gibt's im Sonderangebot sehr billig,
und andre sind mit Geld nicht zu bezahlen.
Manche sind wie »Aufgesetzter«, wie ein Rumtopf:
nur genießbar unter Alkohol.
Manche haben eine harte, rauhe Schale.
doch darunter einen weichen, süßen Kern.

Manche, die sind wirklich ungenießbar:
ganz geschmacklos - oder muffig - oder faul.
Manche sind das Hauptgericht in unserm Leben,
andre eher Nachtisch: wie Kompott flambiert.
Jede Frucht schmeckt anders: Du und ich.

Viele Früchte sind in Gottes Obstkorb.
Und eines dieser Früchtchen, das bin ich.

NOACHS ARCHE

Wenn Du sie damals nicht alle mithineingelassen hättest
in die Arche,
die bunten und verschiedenartigen Tiere,
um wieviel ärmer wäre Deine Menschheit, Herr.
Niemand weiß besser als Du, wieviel wir bis heute
gemeinsam haben mit Deinen Tieren.

Es gibt Meckerziegen und alberne Gänse,
alte Drachen und lahme Enten.
Es gibt flotte Bienen und Mistkäfer,
Trampeltiere und Windhunde.
Es gibt sture Böcke und komische Käuze,
Nachtfalter und Eintagsfliegen.
Es gibt Leithammel und folgsame Schafe,
verwöhnte Schoßhündchen und richtige Pechvögel.

Es gibt solche und solche in Deiner Arche, Herr:
Einsiedlerkrebse und gesellige Pinguine,
wendige Wiesel und tapsige Bären,
schlanke Giraffen und fette Masthähnchen.
Giftige Nattern gibt es, die überall Gift verspritzen,
und Spaßvögel, die überall gern gesehen sind.
Mütter, die ihre Jungen verhätscheln
mit richtiger Affenliebe,
und Küken, die viel zu früh flügge werden.

Falsch wie Schlangen können Menschen sein,
aber auch einfältig wie die Tauben.
Geduldig wie ein Lamm und wild wie ein Wolf.
Stachelig können sie sein und widerborstig wie ein Igel
und anschmiegsam weich wie eine Angorakatze.
Fleißig wie eine Biene und faul wie der Siebenschläfer.
Abstoßend häßlich können sie sein wie eine Raupe,
aber auch anziehend und faszinierend
wie ein Schmetterling.
Eitel und stolz wie ein Pfau
und unscheinbar wie eine Kirchenmaus.
Mutig und stark können sie sein wie der König der Wüste
oder sanft und scheu wie ein Reh.
Dickfällig und stur wie ein Elefant
oder empfindlich wie eine Schnecke,
die sich bei der ersten Berührung zurückzieht.

Es ist nicht immer ganz einfach, Herr:
es auszuhalten in Deiner Arche
bei soviel verschiedenen Geräuschen und Gerüchen.
Gib mir die nötige Geduld, Herr:
sie alle zu ertragen
und jedem Tierchen sein Plaisierchen zu lassen.
Und vor allem laß mich nicht vergessen, Herr:
daß ich für die anderen auch ein seltsamer Vogel bin.

EIN SÄMANN GING AUS

Großer Sämann Du, geduldiger Gärtner.
Milliarden Jahre konntest Du warten,
bis unser glühender Planet abkühlte.
Bis langsam, ganz langsam Leben entstand
im Wasser, auf dem Land, in der Luft.

Neun Monate kannst Du warten,
bis aus dem befruchteten Ei
ein Menschenkind wächst im Leib seiner Mutter.
Zehn Jahre, zwanzig Jahre kannst Du warten,
bis so ein Menschenjunges lernt,
auf eigenen Beinen zu stehen,
und auch dann oft noch recht wacklig.

Wie viele Anläufe mußt Du nehmen, Gott,
wenn Du mir etwas beibringen willst:
Wie stur kann ich sein, wie zu,
wie schwer von Begriff!
Menschen schickst Du mir über den Weg.
Mit Glückserfahrungen lockst Du mich,
mit Schicksalsschlägen.
Ein Liedvers geht mir unter die Haut,
ein Dichterwort, ein Psalm.
Und vieles fällt unter die Dornen.

Du gibst es nicht auf. Du gibst mich nicht auf.
Du gibst uns nicht auf.
Du vertraust, daß unterhalb der Oberfläche,
in der Tiefe des Ich,
Dein Samenkorn keimt und wächst.

Du traust uns zu, daß eines Tages
der treibende Keim durchbricht
und zum Blühen kommt und Frucht bringt.
Daß nach der langen Schwangerschaft
der Menschheitsgeschichte wir Neandertaler
endlich Mensch werden.

Wir danken Dir für den einen, den neuen Menschen,
der ganz so geworden ist,
wie Du Dir den Menschen gedacht hast:
Jesus von Nazaret, der Sohn der Maria,
die schönste Frucht, die Du hast reifen lassen
auf dieser Erde.

Wir können Ihn nicht vergessen,
möchten so sein, so werden, so leben wie Er.
Wir möchten lernen von Ihm,
wie einer reif wird allmählich in Sonne und Sturm,
wenn das Leben uns streichelt und schlägt.
Wir möchten lernen von Ihm, wie man das macht,
unter den rauhen und stachligen Schalen des andern
den guten Kern zu entdecken in jedem:
Dein Ebenbild, Gott, auch wenn es entstellt ist.
Wir möchten lernen von Ihm,
wie man trotz aller Würmer im Apfel der Welt
den Glauben nicht aufgibt
an das Gute, an Dich.
Wir möchten lernen von Ihm
Geduld und Vertrauen und Hoffnung,
daß Du, großer Gärtner, uns annimmst
und fruchtbar machst
heute und am Tag der großen Ernte.

JESCHUA

Meine Eltern nannten mich Jeschua.
Das heißt: »Gott rettet«.
Wir lebten in kleinen Verhältnissen
in einem Dörfchen oben im Norden.
Im Lehrhaus der Synagoge lernte ich Lesen und Schreiben
wie die anderen Jungen des Dorfes.
Manche Psalmen und Worte der Propheten
kann ich heute noch auswendig.
Mein Vater war Zimmermann,
und so lernte ich bei ihm diesen Beruf.
Wir hatten noch keine modernen Maschinen wie heute.
Die Arbeit war hart, und das Geld war knapp.
Besatzungstruppen waren im Land und bluteten uns aus.
Es gab auch Terroristengruppen,
die dann und wann einen Aufstand machten
oder eine römische Garnison überfielen.
Es war überhaupt eine unruhige Zeit.
Irgendetwas lag in der Luft.

Meine Freunde erzählten von den Mönchen in Qumran.
Die hatten sich in die Wüste zurückgezogen
unten am Toten Meer
und warteten auf den Messias.
Aber das Kloster war nichts für mich
und die gewaltsamen Zeloten ebensowenig.
Und doch spürte ich irgendwie,
daß die Arbeit in der Schreinerei nicht alles sein konnte.

Als ich dreißig war, hörte ich von einem,
der am Jordan predigte und viel Zulauf hatte.
Er sagte, die Zeit sei reif. Es gehe bald los
mit dem großen Umbruch, mit der neuen Zeit,
mit Gottes Herrschaft.
Das mußte ich selbst erleben!
Ich ging hin an den Jordan und war fasziniert.

Der Mann nahm kein Blatt vor den Mund
und sagte auch den Mächtigen die Meinung,
auch den Berufs-Frommen: den Pharisäern.
So begeistert war ich von ihm und von dem, was er sagte,
daß auch ich mich taufen ließ.

Und in diesem Augenblick geschah es.
Wie eine Offenbarung, eine innere Klarheit.
Da wußte ich ganz sicher.
Gott ist mein Vater - und ich bin sein Sohn.
Da verstand ich auf einmal meinen Namen:
Jesus - Gott rettet.
Von da an war mir klar, daß ich nicht länger
in Nazaret bleiben konnte,
daß ich Abschied nehmen mußte von den Eltern,
von unserer kleinen Wohnung,
daß ich aufbrechen mußte und es weitersagen an alle,
gerade an die, die es kaum glauben konnten,
daß Gott sie annimmt und liebt,
die nichts vorzuweisen hatten,
was hierzulande als wichtig gilt und beliebt macht.
Den Armen, den Hungernden,
den Traurigen, den Gewaltlosen sagen,
daß sie für Gott wichtig sind und daß ihnen
das Land gehört.

Ich bin aufgebrochen aus meiner Sicherheit,
aus meinem Nest,
und bin durchs Land gezogen, kreuz und quer.
Sagte ich »kreuz«? - Ja: Kreuz! Aber das kam später.
Ein Wanderprediger ohne Dach über dem Kopf,
ohne zu wissen, wo ich am Abend schlafen
und was ich am nächsten Morgen essen würde.
Aber ich war ganz sicher: Gott ist da und führt mich.

Nachdem Herodes den Täufer Johannes enthauptet hatte,
wurde mir immer klarer, daß es auch mit mir
nicht gut enden würde.

Ich habe das Kreuz nicht gesucht.
Aber wer die Wahrheit sagt, und erst recht, wer sie tut,
der kommt nicht herum um das Kreuz.
Irgendwann wird sein Weg zum Kreuzweg.

Ich habe das Leben der Menschen gelebt.
Ich habe das Leiden der Menschen erlitten bis zum letzten.
Aber ich habe auch erfahren, daß Leiden und Sterben
nicht Gottes letztes Wort ist,
daß jenseits des Jordan das Land der Verheißung liegt.
Und ich habe Freunde gefunden
in Kapstadt und San Salvador, in Krakau und in Marl,
die meine Spur aufnehmen,
die aufbrechen aus ihrem Ägypten
und Fortschritte machen zum Leben.

BLIND BIN ICH NICHT, ABER ...

Blind bin ich nicht.
Aber kurz-sichtig.
Ich sehe nur das, was direkt vor mir liegt,
was in die Augen springt:
nur die dicken Überschriften in der »Bild«,
nur die Probleme, die mich unmittelbar berühren.
Das Kleingedruckte lese ich nicht,
auf die Details achte ich nicht.
Nur das Grobe fällt mir ins Auge,
für Feinheiten habe ich keinen Blick.
Mein Horizont ist recht eng,
mein Weltbild sehr eingeschränkt.
Ich denke nicht weiter und habe wenig Fantasie.
Längerfristige Pläne mache ich nicht.
Mein Spannungsbogen und
meine Geduld reichen nicht weit.
Ich lebe von der Hand in den Mund,
von einem Augenblick zum andern.
Blind bin ich nicht. Aber kurzsichtig.

Blind bin ich nicht.
Aber weit-sichtig.
Ich sehe fern.
Nicht nur »Schwarzwaldklinik« und »Dallas«,
auch »Weltspiegel« und »Internationalen Frühschoppen«.
Ich engagiere mich für Südafrika und El Salvador,
für Brasilien und Südvietnam.
Ich lese Bücher über Welternährung und Waffenexporte.
Nur, was vor meiner Haustür geschieht,
das sehe ich bei meiner Weitsichtigkeit nicht:
die schwermütige Kollegin,
die Spüle voll Abwasch zu Hause,
den überfließenden Mülleimer,
der geleert werden muß,

die völlig fertige Frau des Alkoholikers nebenan,
die Asylanten aus dem Bunker ... die sehe ich nicht.
Fernsten-Liebe fällt mir leichter als Nächsten-Liebe.
Blind bin ich nicht. Aber weitsichtig.

Blind bin ich nicht.
Aber ich schiele.
Silberblick nennt man das.
Dabei schiele ich gar nicht aufs Silber, nicht aufs Geld.
Aber auf andere Leute:
auf die, die es besser haben als ich,
die beliebter sind und zu allen Feten eingeladen werden,
die besser aussehen und keine Pickel haben,
die bei Klausuren und Prüfungen besser abschneiden,
die keine Kontaktschwierigkeiten haben,
die Kontakt-Linsen tragen.
Blind bin ich nicht. Aber ich schiele neidisch auf andere.

Blind bin ich nicht.
Nur farbenblind.
Oft sehe ich schwarz.
Nicht nur politisch. Auch kirchlich.
Alles Schwarz in Schwarz.
Wenn ein Farbiger hier eine Wohnung sucht,
dann sehe ich schwarz. Apartheidspolitik!
Oder umgekehrt: »Black is beauty!«
Auch da sehe ich schwarz.
Oder ich male Schwarz-Weiß.
Entweder – Oder. Alles – oder Nichts.
Alle anderen haben Dreck am Stecken,
nur meine Weste ist weiß.
»Gott, ich danke Dir, daß ich nicht so bin wie ...«.
Schwarz-Weiß, als ob es so einfach wäre.
Oder ich sehe rosa. »Rosa Zeiten!«
Harmonie, heile Welt, Friede, Freude, Eierkuchen ...
Alles durch die rosa Brille:
Nur keine Konflikte! Nur keinen Ärger!

Lieber schön färben. Schön rosa.
Lieber den Mund halten,
auf Proporz achten, ausgewogen sein! –
Oder ich sehe rot. Reagiere wie ein Stier auf das rote Tuch,
wenn bestimmte Reizwörter fallen:
Nicaragua etwa . . . oder Sexualität . . .
oder Neue Armut . . . oder Kernenergie . . .
oder die Grünen . . .
Bei solchen Reizwörtern sehe ich rot.
Ich bin farbenblind.

Blind bin ich nicht.
Aber Brillenträger.
Ich besitze verschiedene Brillen. Für jede Gelegenheit.
Eine mit kleinen runden Gläsern und Nickelgestell.
Damit wirke ich intellektuell.
Eine andere aus schwerem,
dunklem Horn im Arbeitgeberlook.
Eine Sonnenbrille, stark getönt.
Da blickt keiner durch. Bei mir.
Sogar eine mit Spiegelreflexwirkung,
das verunsichert die anderen besonders.
Aber ich besitze noch mehr Brillen, ein ganzes Sortiment:
meine Parteibrille und meine Kirchenbrille,
meine Familienbrille und meine Milieubrille,
meine Ausländerbrille,
die Brille, durch die ich Frauen sehe oder Männer.
Die Brille meiner Vorurteile.

Ohne all meine Brillen wäre ich hilflos
wie eine junge Katze.
Ich brauche einen, der mir meine Brillen abnimmt,
der mir den Star sticht,
der meinen »blinden Fleck« heilt.
Ich brauche einen, der mich sehen lehrt.

DER JESUS-BAZILLUS

Erblich ist es nicht.
Jedenfalls kenne ich Väter und Mütter,
die sind völlig immun.
Aber bei ihren Söhnen oder Töchtern bricht es durch.
Und umgekehrt.
Manchmal werden schon achtjährige Kinder infiziert.
Während der Pubertät scheint der Virus
vorübergehend inaktiv.
Später, wenn sie 20 sind oder 40 oder 60,
bricht die Infektion auf einmal wieder aus.

In allen Kontinenten wurde die Krankheit beobachtet:
auf den Philippinen und in Südafrika,
in Marl und in Gorki.
Selbst Bischöfe und Gewerkschaftsführer
sollen angeblich nicht immun dagegen sein.

Meist hat die Krankheit ein Vorstadium:
Da werden die Menschen unruhig
und sind nicht mehr zufrieden mit sich selbst.
Sie spüren: »Das kann doch nicht alles sein!«
und fangen an, ungewohnte Fragen zu stellen.
Im fortgeschrittenen Stadium ändern die Befallenen
auch ihr Verhalten. Manchmal so radikal,
daß ihre Umwelt sie nicht mehr für normal hält.
Neurologen konnten allerdings
beim Messen der Gehirnströme bisher kein
auffälliges Abweichen von der Norm feststellen.
Eine zuverlässige Beschreibung
des gesamten Krankheitsbildes liegt bisher nicht vor.

Soweit man festgestellt hat, soll die Übertragung
vor allem durch direkte Ansteckung erfolgen.
Der Virus springt gleichsam über
von Menschen, die schon angesteckt waren.
Manchmal werden ganze Familien erfaßt,
meist aber einzelne.
Vorsorgemaßnahmen erwiesen sich als wirkungslos.
Nur Wohlstand scheint weniger anfällig zu machen,
wie eine Untersuchung in Assisi ergab.

In der Weltgesundheitsorganisation ist man sich
noch nicht klar darüber, ob die Infektion
zu den anerkannten Krankheiten zählen soll.
Wenngleich manche Regierungen
sie für ausgesprochen gefährlich halten,
vor allem in lateinamerikanischen und östlichen Ländern.
Der Virus soll vor langer Zeit schon
durch Wanderprediger aus dem Vorderen Orient
nach Europa eingeschleppt worden sein.
Das hiesige Gesundheitsamt meldet,
daß es hier in letzter Zeit
vermehrt zu Ansteckungen gekommen sein soll.

DER BAUMWOLLFADEN

Es war einmal ein kleiner Baumwollfaden,
der hatte Angst, daß es nicht ausreicht, so wie er war.
- Für ein Schiffstau bin ich viel zu schwach, sagte er sich.
- Und für einen Pullover zu kurz.
- An andere anzuknüpfen, dazu habe ich zu viel Hemmungen.
- Für eine Stickerei eigne ich mich auch nicht, dafür bin ich zu blaß und farblos.
- Ja, wenn ich aus Lurex bestünde, dann könnte ich eine Stola verzieren. Aber so? Es reicht nicht!

Zu nichts bin ich nütze. Ein Versager.
Niemand braucht mich. Niemand mag mich.
Und ich selbst am wenigsten.

So sprach der kleine Baumwollfaden zu sich selbst
und legte eine traurige Musik auf
und fühlte sich ganz schön down in seinem Selbstmitleid.

Da klopfte das Wachs an seine Tür und sagte:
Laß dich doch nicht so hängen, kleiner Baumwollfaden.
Ich weiß etwas. Ich habe da eine Idee:
Wir beide tun uns zusammen!
Für eine lange Osterkerze bist du als Docht zu kurz,
und ich bin dafür auch nicht genug Wachs.
Aber für ein Teelicht reicht es allemal.

Wir beide zusammen werden eine kleine Kerze.
Die wärmt und macht ein wenig heller.
»Es ist besser, auch nur ein kleines Licht anzuzünden,
als immer nur über die Dunkelheit zu schimpfen.«

Da war der kleine Baumwollfaden ganz glücklich
und sagte: Dann bin ich also doch zu etwas nütze.
Und wer weiß, vielleicht gibt es auf der Welt noch mehr
Baumwollfäden, die sich zusammentun mit dem Wachs.

FLASCHENPOST GOTTES

Es klingelt noch spät an der Tür.
Ich träum in der Nacht einen schweren Traum.
Da kommt so ein Brief, der mich ratlos macht.
Es knistert ganz unheimlich im Gebälk.

Die Fische sind gar nicht so stumm.
Der Löwenzahn schaut mich so seltsam an.
Die Buche, sie spricht oft am Abend zu mir.
Die Wolke dort sieht aus wie ein Signal.

Warum werd ich jetzt gerade krank?
Ist diese Begegnung ein Zufall nur?
Der Abschied tut weh. Eine Tür fällt zu.
Geht anderswo ein neues Fenster auf?

Und ich frag mich: Was will mir das sagen?
Deutlich spür ich: Hier bin ich gemeint.
Was um mich geschieht und betroffen macht,
ist Flaschenpost von Dir.